CATALOGUE
DES LIVRES

Qui se vendent chez VATAR, Libraire à la Science, Ruë Dauphine.

Littérature, Belles Lettres, &c.
In-12, In-18, In-24.

ABrégé sur l'Entendement Humain, par *Locke*, 1 *vol.*
curieux & familier, par *Marande*, 1 *vol.*
du Regne de Loüis XIV. 1 *vol.*
de la Fable, 1 *vol.*
de l'Histoire universelle, par *Voltaire*, 2 *vol.*
de la Fable, par *Dumarsais*, 1 *vol.*
Actions Héroïques de la Comtesse de Montfort, 1 *vol.*
Academie des Jeux, 1 *vol.*
Accomodement du cœur & de l'esprit, 1 *vol.*
Accomplissement de l'Année merveilleuse, 1 *vol.*
Æschili Tragediæ, Grec & Latin, impression de Glaskou, 1 *vol.*
Æmilius probus, 1 vol.
Affaires des Princes légitimés, 4 *vol.*
Agrémens de la Campagne, 3 *vol.*
Alcoran de Mahomet, par *Duryer*, 2 *vol.*

Amours de Psiché, par *la Fontaine*, 1 *vol.*
de Sapho de Mytilene, 1 *vol.*
de Catulle & Tibulle, 5 *vol.*
d'Enée & de Didon, 1 *vol.*
Amitiés & Amourettes, 1 *vol.*
Amadis des Gaules, 4 *vol.*
Amusemens des Eaux de Schualsback, 1 *vol.*
de la Campagne, par *Liger*, 2 *vol.*
des Gens d'esprit, 1 *vol.*
de la Campagne, par *le Noble*, 7 *vol.*
des Mathématiques, 1 *vol.*
Ambassades de la Borderie en Angleterre, 5 *vol.*
de Mehemet Effendy, 1 *vol.*
Ambassadrice & ses Droits, 1 *vol.*
Ami des Hommes, par *le Marquis de Mirabeau*, 3 *vol.*
Ame des Bêtes, 1 *vol.*
Antifeüilles, contre Freron, 1 *vol.*
Anecdoctes du Czar Pierre I. Empéreur de Moscovie, 1 *vol.*
Historiques, Politiques & Militaires, par *l'Abbé Raynal*, 3 *vol.*
de la Cour de Philippe Auguste, par *Mlle. de Lussan*, 6 *vol.*
de Florence, par *Varillas*, 1 *vol.*
Galantes de la Duchesse de Bar, 1 *vol.*
de Pologne, 2 *vol.*
Annales Galantes de la Cour de Henry II. par *Mlle. de Lussan*, 2 *vol.*
de l'Empire, par *Voltaire*, 2 *vol.*
Analyse Chronologique de l'Histoire Universelle, 1 *vol.*
de la Philosophie du Chancelier Bacon, 2 *ou* 3 *vol.*
Antilucrece, Latin,
François,
Antibaillet, 2 *vol.*
Année Littéraire de Freron, Année 1752, 53, 54, 55, 56, 57, toutes ces Années se vendent séparement, même Cahier à Cahier.

Apologie des Grands Hommes ſoupçonnés de Magie, 1 *vol.*

des Dames, 1 *ou* 2 *vol.*

Apophtegmes des anciens, par *d'Ablancourt*, 1 *vol.*

Apulée de l'eſprit familier de Socrate, Latin & François, 1 *vol.*

Art de fortifier les Places, par *Deſchâles*, 1 *vol.*

de plaire dans la Converſation, par *Vaumoriere*, 1 *vol.*

de la Verrerie, par *Haudicquer*, 2 *vol.*

de la Peinture, par *Depiles*, 1 *vol.*

de Parler François, par *la Touche*, 2 *vol.*

de Prononcer parfaitement la Langue Françoiſe,

de faire Eclorre les Poulets, par *Mr. de Reaumur*, 1 *ou* 2 *vol.*

Héraldique, par *Plaiſne*, 1 *vol.*

de vivre heureux, 1 *vol.*

de la Peinture, par *du Freſnoy*, 1 *vol.*

de Déſopiler la Ratte, 1 *vol.*

de Deſſiner promptement avec le Secret de faire 87 Couleurs, 1 *vol.*

Ariſtote ſur l'Hiſtoire naturelle, 1 *vol.*

Ariſtippe de Balzac, 1 *vol.*

Moderne, 1 *vol.*

Arithmétique, par *Chaloſſe*, 1 *vol.*

par *Legendre*, 1 *vol.*

par *Barrême*, 1 *vol.*

Reſtrainte à l'Addition, 1 *vol.*

& Géométrie de l'Officier, par *le Blond*, 1 *vol.*

Arcadie de Sannazar, 1 *vol.*

Aſtrée, par *Durfé*, 1 *vol.*

Aurelius Victor, Latin & François, 1 *vol.*

Avanturier Buſcon, 1 *vol.*

Avantures d'Uliſſe dans l'Iſle dÆa, 1 *vol.*

de Baucheſne, 2 *vol.*

de Joſeph Andræus, par *l'Abbé Prévôt*, 2 *vol.*

Autorité du Droit Civil dans les Etats des Princes Chrétiens, 1 *vol.*
Avis d'un Pere à ſon Fils, & à ſa Fille, 1 *vol.*
d'une Mere à ſon Fils & à ſa Fille, 1 *vol.*
Aydes de France & leur Regie, 1 *vol.*
Babillard ou le nouvelliſte Philoſophe, 1 *vol.*
Bachelier de Salamanque, 2 *vol.*
Barclaii Satyræ, 1 vol.
Beaux Arts reduits à un même principe, par *le Batteux*, 1 *vol.*
Bibliothéque annuelle,
Choiſie, 2 *vol.*
des Auteurs, 1 *vol.*
des Gens de Cour, 7 *vol.*
Françoiſe, par *Goujet*, 18 *vol.*
Poëtique, 4 *vol.*
Critique du Poitou, par *Dreux du Radier*, 5 *vol.*
Amuſante, par *le P. Niceron Barnabite*, 3 *vol.*
Bouclier de la France, 1 *vol.*
Bons Mots en Ana, 1 & 2 *vol.*
Busbequii Epiſtolæ, 1 vol.
Caracteres de l'honnête Homme, par *Gerard*, ou la Philoſophie des Gens de Cour, 1 *vol.*
de l'Homme ſans Paſſions.
des Paſſions, par *la Chambre*, 3 *vol.*
de Madame de Puyſieux, 1 *vol.*
de Théophraſte, par *la Bruyere*, 1 *ou* 2 *v.*
Cauſes de la Corruption du Goût, par *Dacier*, 1 *v.*
Campagnes Philoſophiques de Montchal, par *l'Ab. Prévôt*, 2 *vol.*
Catulle, *Tibulle*, *Properce & Cornelius Gallus*, en Latin, *Couſtelier*, 1 *vol.*
Caminologie, ou Traité des Cheminées, 1 *vol.*
Catalogue de la Bibliothéque de Baluze, 3 *vol.*
Caiſſier d'Amſterdam, 1 *vol.*
Charges des Gouverneurs de Place, par *Deville*, 1 *vol.*
Chriſtianiſme raiſonnable, par *Locke*, 2 *vol.*

Clenardi Grammatica Græca, 1 vol.
Choix des Etudes, par *Fleury*, 1 *vol.*
Chevalier des Essarts & la Comtesse de Bercy, 2 *v.*
Ciceronis Orationes, avec des notes de Crevier, 3 *vol*,
de Senectute, cum notis, 1 vol
Ciceron, Entretiens sur la nature des Dieux, par *l'Abbé Dolivet*, 2 *vol.*
les Tusculanes, par *Mr. le Président Bouhier*, 3 *vol.*
de la Vieillesse & de l'Amitié, Latin & François 1 *vol.*
de la nature des Dieux, par *Masson*, Latin & François, 3 *vol.*
les Philippiques de Démosthene & les Catilinaires, par *l'Abbé Dolivet*, 1 *v.*
Comédies de Terence, Lat. & Franç. 1 *vol.*
par *Madame Dacier*, 3 *vol.*
Cours de Belles Lettres, par *le Batteux*, 4 *vol.*
Conciones & Orationes ex Historicis Latinis Excerptæ, 1 vol.
Conversations Morales, 1 *vol.*
Combinaisons des Changes, par *Raullin*, 1 *vol.*
Confiseur, par *Menon*, 1 *vol.*
Confiturier Royal & Bourgeois, par *Massialot*, 1 *v.*
Comptes faits, par *Barrême*, 1 *vol.*
Conseils de l'Amitié, 1 *vol.*
de la Sagesse, 1 *vol.*
à une Amie, par *Mde. de Puysieux*, 1 *vol.*
Connoissance de l'Esprit humain, par *Vauguenargue*, 1 *vol.*
de soi-même, 1 *vol.*
des Poëtes, 2 *vol.*
Considérations sur les Mœurs de ce Siécle, par *Mr. Duclos*, 1 *vol.*
sur la Navigation de la Grande Bretagne, 1 *vol.*
Cossartii Orationes, 1 vol.
Connetable de Bourbon, 1 *vol.*
Conformité des Destinées, 1 *vol.*

Commentaires de Blaiſe de Montluc, 2 *ou* 4 *vol.*
Commirii Carmina, 2 vol.
Commentaires de Cæſar, Lat. & Franç. 2 *vol.*
Commentarius in Ariſtotelis Moralem & Methaphyſicam, par Barbey, 2 *vol.*
Cours de Mathématiques, 1 *vol.*
Conjectures ſur la Peſanteur, par *Varignon*, 1 *v.*
Comte de Gabalis, 2 *vol.*
Confeſſions du Comte de... par *M. Duclos*, 2 *v.*
de la Baronne, 2 *vol.*
Concordantiæ Breviores Omnium Materiarum, 1 v.
Coûtumes & Cérémonies des Romains, 1 *vol.*
Cornelius Nepos, Latin & François, 1 *vol.*
Tacitus, 1 vol.
Conſeiller d'Etat, 1 *vol.*
Contes & Nouvelles de Deſperriers, 3 *vol.*
Complette guide, Livre Anglois, 1 *vol.*
Cuiſinier Royal & Bourgeois, par *Maſſialot*, 3 *v.*
par *Menon*, 3 *vol.*
Bourgeoiſe, par *Menon*, *vol.*
Cyropedie, par *Charpentier*, 1 *ou* 2 *vol.*
Curioſités de l'Art & de la Nature, *Vallemont*, 2 *v.*
Délices de l'Italie, 4 *vol*
De Principiis rerum, par Lamy, 1 *vol.*
Détails Militaires de Cheneviere, 2 *vol.*
de la France, 2 *vol.*
Deſcription de la France, par *Piganiol de la Force*, nouvelle Edition, 15 *vol.*
de Paris, par *Piganiol de la Force*, 8 *vol.*
de Paris, 4 *vol.*
du Brabant Hollandois,
de la Livonie, 1 *vol.*
du Cap de Bonne Eſpérance, 3 *vol.*
des Pays Bas, 1 *vol.*
de Fontaine-Bleau, 2 *vol.*
de Verſailles, 1 *vol.*
Défenſe de la Monarchie de Sicile, 1 *vol.*
Dictionnaire de Peinture, Architecture & Sculpture, 2 *vol.*
Portatif de l'Ingénieur, par *Belidor*, 1 *v.*

Militaire, 1 *vol.*
des Alimens, 3 *vol.*
Philosophique, ou Introduction à la connoissance de l'homme, 1 *vol.*
de Mythologie, par *l'Abbé Bannier*, 3 *v.*
Neologique, par
des Théâtres. 7 *vol.*
Iconologique pour les Peintures, 1 *vol.*
des Rimes, 1 *vol.*
Dialectique de Launay, 1 *vol.*
Dialogue des Morts, par *Pesselier*, 2 *vol.*
par *Fenelon*, 2 *vol.*
de la Santé, 1 *vol.*
sur l'Eloquence, par *Fenelon*, 1 *vol.*
Dialogi di amore composti per Leone Medico, 1 v.
Discours de Mr. le Beau sur la Paix & les Conquêtes du Roi, 1 *vol.*
Discours sur l'Origine de la Poësie, par *du Tremblay*, 1 *vol.*
Academiques & Poësies de Mr. *l'Abbé Seguy*, 1 *vol.*
sur l'Emploi du Loisir, par *Pecquet*, 1 *v.*
de Bussy Rabutin, à ses Enfans, 1 *vol.*
Historiques & Préliminaires des Traités des Rois de France, 1 *vol.*
sur l'Histoire Universelle, par *Mr. Bossuet*, 2 *vol.*
Dissertations sur les Tremblemens de Terre, 2 *v.*
sur la Subordination, 1 *vol.*
Litteraires & Philosophiques, par *Mr. de Gamaches*, 1 *vol.*
sur la Glace, 1 *vol.*
sur les Tragédies de Corneille & de Racine, 2 *vol.*
sur le Systême de Mr. Descartes, par *Cordemoy*, 1 *vol.*
sur l'Iliade d'Homere, par *Terrasson*, 2 *v.*
sur la Chaleur, par *Martiny*, 1 *vol.*
sur l'Electricité des Corps, par *Morin*, 1 *v.*
Dons de Comus, 1 & 3 *vol.*

Doyen de Kyllerine, 3 *vol.*
Dom Henrique de Castro, 1 *vol.*
Droit Public Germanique, 2 *vol.*
Ducerceau Carmina, 1 vol
Eclaircissemens Géographiques, par *Danville*, 1 *v.*
Ecole du Monde, par *le Noble*, 3 *vol.*
Éducation de la Jeune Noblesse, 2 *vol.*
des Filles, par *Mr. de Fenelon*, 1 *vol.*
des Princes, par *Varillas*, 1 *vol.*
des Enfans, par *Crousaz*, 2 *vol.*
Eglogues de Virgile, par *Richer*, 1 *vol.*
Elémens d'Euclide, par *Deschales*, 1 *vol.*
de Docismatique, ou Traité des Minéraux, par *Cramer*, 4 *vol.*
de Philosophie Moderne, par *Massuet*, 2 *vol.*
de Géométrie, par *Lamy*, 1 *vol.*
de Mathématique, par *Lamy*, 1 *vol.*
de l'Art Militaire, par *d'Héricourt*, 1 *v.* 5 *vol.*
de Cosmographie, 1 *vol.*
de la Poësie Franç. par *l'Abbé Joüannet*, 3 *vol.*
des Fortifications, par *le Bland*, 1 *vol.*
Elégies d'Ovide, Lat. & Franç. par *le P. Kvillars*, 3 *vol.*
Eloge Historique & Critique d'Homere, par *Mr. Keating*, 1 *vol.*
des Plaisirs, par *Lucien*, 1 *vol.*
de la Chasse, 1 *vol.*
Elegantiæ Poëticæ, 1 vol.
Eloquence du Corps, par *Dinoüart*, 1 *vol.*
Election de l'Empereur avec la Bulle d'Or, 1 *vol.*
Enterrement du Dictionnaire de l'Academie, 1 *v.*
Entretiens de Mathématiques du P. Regnault, 3 *v.*
par *Panchaud*, 2 *vol.*
de Ciceron sur les vrais Biens & les vrais Maux, 1 *vol.*
de Cléandre & d'Eudoxe sur les Lettres Provinciales, 1 *vol.*

ſur la Philoſophie, par *Rohault*, 1 *vol.*
d'Ariſte & d'Eugene, par *le P. Bouhours*, 1 *vol.*
ſur la Conduite des Grands, 1 *vol.*
Enfans Célébres par leurs Etudes, 1 *vol.*
Enſeignes de Guerre, par *Beneton*, 1 *vol.*
Eneide de Virgile, en Vers Franç. par *Segrais*, 1 *v.*
Enchiridion Epicteti Vita, 1 vol.
Epigrammes de Senecé, 1 *vol.*
Epoux Malheureux, 1 *vol.*
Epîtres Heroïnes d'Ovide, par *Richer*, 1 *vol.*
Eraſmi Colloquia, 1 vol.
Eſprit de l'Abbé des Fontaines, 4 *vol.*
des Beaux Arts, 2 *vol.*
des Converſations Agréables, 3 *vol.*
de Fontenelle, 1 *vol.*
des Loix Quinteſſencié, 2 *vol.*
de Gerſon, 1 *vol.*
des Nations, 2 *vol.*
de Montaigne, 2 *vol.*
du Siécle, 1 *vol.*
Eſſai de Phyſique & de Dynamique, 1 *vol.*
ſur les Paſſions & leur Caractere, 2 *vol.*
ſur la néceſſité & les moyens de plaire, 1 *v.*
ſur l'Eſprit Humain, par *Morelly*, 1 *vol.*
ſur les Connoiſſances Humaines, 1 *vol.*
ſur l'Homme, par *Pope*, 1 *vol.*
pour parvenir à la Connoiſſance de l'Homme, 1 *vol.*
ſur l'Etude des Belles Lettres, par *l'Abbé le Batteux*, 1 *vol.*
ſur l'Electricité, par *Morin*, 1 *vol.*
Hiſtorique ſur la Hollande, 1 *vol.*
ſur le Gouvernement Civil, par *Mr. de Fenelon*, 1 *vol.*
ſur le Goût, par *Cautaud de la Villatte*, 1 *vol.*
de Litterature, par *l'Ab. Trublet*, 1 ou 3 *v.*
ſur la Marine des Anciens, par *Deſlande*, 1 *vol.*

Etat présent de la Suede, 1 *vol.*
de l'Empire d'Allemagne, 1 *vol.*
de la France, 6 *vol.*
par *Boulainvilliers*, 8 *vol.*
de la Grande Bretagne, 2 *vol.*
de la Hollande, 2 *vol.*
Etourdie, ou Histoire de Miss-Betsi-Tatles, 1 *v.*
Euripide, Grec & Latin, 1 *vol.*
Eutrope en Latin,
Latin & François, 1 *vol.*
Examen Pacifique sur la Querelle de Mde. Dacier & de Mr. de la Motte, 2 *vol.*
Expériences de Physique, par *Poliniere*, Fig. 2 *v.*
Evolutions Militaires, 1 *vol.*
Examen des Préjugés Vulgaires, par *Buffier*, 1 *v.*
Explication Physique des Sens, par *Juenin*, 2 *v.*
d'une Médaille d'Or du Cabinet du Roi, *vol.*
Fables de la Fontaine, 1 *vol.*
2 *vol.* Figures.
d'Esope, par *Baudoüin*, Figures, 1 *vol.*
par *Dufrasnay*, 2 *vol.*
Italiennes & Françoises, 1 *vol.*
& Contes mis en Vers, par *Rivery*, 1 *v.*
Factums pour & contre Furetiere, 2 *vol.*
Fastes d'Ovide, Lat. & Franç. 1 *vol.*
Femmes Militaires, 1 *vol.*
Fleur d'Epine, par *Hamilton*, 1 *vol.*
Gaston de Foix, 2 *vol.*
Géographie de Langlet du Fresnoy à l'Usage des Enfans, 1 *vol.*
Idem, 7 *vol.*
de l'Abbé Nicole de la Croix, 2 *vol.*
de Varenius, 4 *vol.*
de Dom Vaislette, 12 *vol.*
Dédiée à Mlle. Crozat, 1 *vol.*
à l'Usage des Négocians, par *Pankouke*, 1 *vol.*
de Robbe, 2 *vol.*
Sacrée de Robert, 2 *vol.*

de Sanson, 1 *vol.*
de Delisle, 2 *vol.*
à l'Usage des Jeunes Gens, par *Clerget*, 1 *v.*
de J. B. Jesuite, 1 *vol.*
de Martiny, 1 *vol.*
par Demande & Réponse, 2 *vol.*
Nouvelle, 1 *vol.*
Parisienne, 1 *vol.*
Gentilhomme Maréchal, 2 *vol.*
Généalogie des Rois d'Espagne, en Espagnol,
Géométrie Pratique, par *Sebastien le Clerc*, 1 *vol.*
Gouvernement Civil, par *Locke*, 1 *vol.*
Gilblas de Santillanne, 4 *vol.*
Gouverneur de Place, par *Deville*, 1 *vol.*
Grammaire Angloise & Françoise, 1 *vol.*
Espagnole & Françoise, par *Sobrino*, 1 *v.*
par *Ferrus*, 1 *vol.*
Italienne & Françoise, par *Moretty*, 1 *v.*
Italienne de Veneroni, 1 *vol.*
de Port Royal, 1 *vol.*
de Bertera, 1 *vol.*
de Manfrediny, 1 *vol.*
Bretonne, 1 *vol.*
Françoise de Regnier des Marets, 1 *vol.*
de Buffier, 1 *vol.*
de l'Abbé Wailly, 1 *vol.*
de Restaut, 1 *vol.*
d'Arnauld, par *Mr. Duclos*, 1 *vol.*
Latine de Port Royal, 1 *vol.*
de Despautere, 1 *vol.*
Grotii Annales de Rebus Belgicis, 1 vol.
Guide des Négocians, 1 *vol.*
Guide des Chemins, par *Daudet*, 1 *vol.*
Guerre Seraphique, 1 *vol.*
d'Espagne, de Baviere & de Flandres, 2 *v.*
Civiles d'Allemagne sous Charles Quint, 1 *vol.*
Guzman d'Alpharache, 2 *vol.*
Guicchiardini totius Belgiæ Descriptio, 1 vol.
Henriade de Voltaire, 1 *vol.*

Travestie, 1 *vol.*

Histoire des Filles de l'Enfance, 2 *vol.*

par *Mr. l'Abbé Juliard*, 1 *vol.*

Secrette des Femmes Galantes de l'Antiquité, 3 *vol.*

du Théâtre François, 15 *vol.*

du Seiziéme Siécle, par *Mr. Durand*, 4 *v.*

de France, par *Varillas*, 14 *vol.*

de France, par Mezeray, 14 *vol.*

par *Riancourt*, 7 *vol.*

par *Marcel*, 4 *vol.*

par *Boulainvilliers*, 3 *vol.*

par *Mr. Bossuet*, 4 *vol.*

par *l'Abbé Choisy*, 4 *vol.*

par *le P. Daniel*, 12 *vol.*

de Loüis XIV. par *Pellisson*, 8 *vol.*

de Loüis XI. par *Mlle. de Lussan*, 6 *vol.*

de Loüis de Bourbon, Prince de Condé, 1 *vol.*

de Henri IV. par *Mr. de Perefix*, 4 *vol.*

de Jean de Bourbon, Prince de Carency, 1 *vol*

Secrette du Connétable de Bourbon, 1 *v.*

de Charlemagne, par *la Bruere*, 1 *vol.*

Naturelle du Cabinet du Roi, 9 *vol.*

de France & Romaine, par Demandes & Réponses, de l'Abbé Prévôt, 2 *vol.*

de Ragois, 1 *vol.*

de Languedoc, par *Dom Vaissette*, 6 *vol.*

du Roi de Prusse, 2 *vol.*

des deux Triumvirats, par *Larrey*, 1 *vol.*

des Peintres Espagnols, 1 *vol.*

de la précédente Guerre, avec la Vie du Prince Eugene, 5 *vol.*

Militaire des Suisses, 5 *vol.*

de Gênes, 3 *vol.*

du Gouvernement d'Alphonse, VI. Roi de Portugal, 2 *vol.*

des sept Sages de la Gréce, par *Larrey*, 2 *vol.*

de l'Esprit & du Cœur, par *le Marquis d'Argens*, 1 *vol.*
de Rienzy, par *Mr. de Boispreaux*, 1 *vol.*
de Thucydide, par *Joly*, 1 *vol.*
du Parlement d'Angleterre, par *l'Abbé Raynal*, 2 *vol.*
des Arabes, 4 *vol.*
des Revolutions des Arabes, 2 *vol.*
de l'Amiral Bing Anglois, 1 *vol.*
du Ciel, par *Pluche*, 2 *vol.*
de la Poësie Françoise, par *Massieu*, 1 *v.*
de la Guerre de Flandre, par *Strada*, 4 *vol.*
de l'Empire Ottoman, par *Sagredo*, 5 *v.*
par *le Prince Cantemir*, 4 *vol.*
Secrette de Neron, 1 *vol.*
de Charles Quint, 2 *vol.*
de la Navigation, 2 *vol.*
de Théodose le Grand, 1 *vol.*
de l'Astronomie, par *Esteve*, 3 *vol.*
du Syndicat de Richer, 1 *vol.*
de la Guerre de 1741, par *Voltaire*, 1 *v.*
du Douziéme Siécle, par *Marigny*, 4 *vol.*
de Cyrus le Jeune, par *l'Abbé Paggy*, 1 *v.*
d'Urbain Grandier, 1 *vol.*
de la Conquête du Perou, 2 *vol.*
de la Conquête du Mexique, 2 *vol.*
de Charles XII. par *Voltaire*, 1 *vol.*
par *Gustave d'Ardelfeldt*, 3 *vol.*
de Justin, Lat. & Franç. 2 *vol.*
du Japon, par *le P. Charlevoix*, 9 *vol.*
du Paraguay, par *le même*, 6 *vol.*
de la Jamaïque, 2 *vol.*
de l'Exil de Ciceron, par *Morabin*, 1 *v.*
de la Conquête d'Espagne, par les Maures, 1 *vol.*
de Diodore de Sicile, par *l'Ab. Terrasson*, 2 *vol.*
de Philippe Auguste, 2 *vol.*
de Ciceron, par *l'Abbé Prévôt*, 5 *vol.*

du Monde Sacré & Prophane, par *Schucford*,
du Stathouderat, par *l'Abbé Raynal*, 2 *v.*
du Pape Innocent II. 1 *vol.*
Universelle de Turselin, 3 *vol.*
Tragicomiques de Calliste & Melibée, ou la Céleſtine Eſpagnole, 1 *vol.*
Hiſtoriens Romains, en Latin, 1 *vol.*
Hiſtoire Romaine, par *du Verdier*, 8 *vol.*
par *Herodien*, 1 *vol.*
par *Cœffeteau*, 3 *vol.*
par *Catrou*, 20 *vol.* Figures.
par *l'Abbé Tailhié*, 4 *vol.*
par *Laurent Echard*, 12 *vol.*
par *Rollin*, 16 *vol.*
par Marolles, 2 *vol.*
de Tite-Live, par *Guerin*, 10 *vol.*
des Empereurs Romains, par *Crevier*, 12 *vol.*
& Annales de Tacite, par *Guerin*, 3 *vol.*
du Bas Empire, par *Mr. le Beau*, Tome 1, ſuite de l'Hiſtoire des Empereurs.
Eccléſiaſtique, par *Fleury*. 36 *vol.*
par *Racine*, 14 *vol.*
d'Angleterre, par *Vanel.* 4 *vol.*
d'Angleterre, par *Burnet*, 6 *vol.*
par *Clarendon*, 7 *vol.*
par *du Port du Tertre*, 3 *vol.*
d'Epaminondas, par *l'Ab. de la Tour*, 1 *v.*
des Pirates Anglois, 1 *vol.*
des Rois de Pologne, 4 *vol.*
des Conquêtes des Portugais, par *Laffitau*, 4 *vol.*
de la Revolution de Tunis & d'Alger, 1 *v.*
des Diettes de Pologne pour l'Election des Rois, par *la Bizardiere*, 1 *vol.*
de Scipion, par *l'Abbé Seran*, 1 *vol.*
Universelle des Voyages, par *Duperrier*, 1 *vol.*
des Voyages, par *l'Abbé Prévôt*, 52 *vol.*

ou Dialogues des 3 Philoſophes, 1 *vol.*
de Tekely, 1 *vol.*
de Julie Fille de Ciceron, 1 *vol.*
de Scanderberg Roi d'Albanie, 1 *vol.*
Naturelle d'Iſlande, 2 *vol.*
du Demêlé d'Henry II. avec l'Arch. de Cantorbery, 1 *vol.*
du Demêlé du Pape Boniface VIII. par *Baillet*, 1 *vol.*
d'Auguſte, 2 *vol.*
Secrette de Bourgogne, 2 *vol.*
de Philippe Roi de Macédoine, 1 *vol.*
de Turenne, 1 *vol.*
Profane depuis le commencement du Monde, 6 *vol.*
de la Chine, 2 *vol.*
Abrégée de Suede, 1 *vol.*
du Grand Tamerlan, 4 *vol.*
du Cardinal Mazarin, 2 *ou* 4 *vol.*
des Revolutions de Perſe, 3 *vol.*
de l'Abbé Suger, 3 *vol.*
des Superſtitions du P. le Brun, 4 *vol.*
des Indes Orientales, par *l'Abbé Guyon*, 3 *vol.*
des Rois des deux Siciles de la Maiſon de France, 4 *vol.*
Univerſelle de Deliſle, 7 *vol.*
du Fanatiſme, par *Brueys*, 3 *vol.*
Abrégée d'Eſpagne, par *Buffier*, 1 *vol.*
des Foux, 1 *vol.*
de Guillaume le Conquérant. 2 *vol.*
de la Ducheſſe d'Hanover Epouſe de Georges I. 1 *vol.*
Secrette de Madrid, 2 *vol.*
des Favorites, 1 *vol.*
des Anciennes Revolutions du Globe Terreſtre, 1 *vol.*
de Thamas-Koulikan, 1 *vol.*
des Sarraſins, 2 *vol.*
de l'Amérique, par *la Potherie*, 4 *vol.*

de l'Etablissement de la Republique de Hollande, par *le Noble*, 2 *vol.*
de la Repubique de Hollande, 4 *vol.*
des Comtes de Champagne, 2 *vol.*
du Cardinal Ximenès, par *Marsolier*, 2 *vol.*
du Duc de Montmorency, 1 *vol.*
Sacrée & Profane du P. Labbe, 5 *vol.*
des Hommes Illustres de Provence, 1 *vol.*
du Chevalier des Grieux & de Manon Lescaut, 2 *vol.*
du Cardinal Alberoni, 1 *vol.*
des Jesuites, 4 *vol.*
de la derniere Guerre de Bohême, 2 *vol.*
des Sevarambes, 1 *vol.*
d'Espagne, par *Duverdier*, 2 *vol.*
de la Ville de Paris, 5 *vol.*
de l'Ancien Théâtre Italien, 1 *vol.*
Historiettes Galantes en Vers & en Prose, 1 *vol.*
Homere de Mde. Dacier, 8 *vol.*
détrompé de Baltazar Gracian, 1 *vol.*
Horace Latin & François, par *Martignac*, 2 *vol.*
Idem, 10 *vol.*
Latin de Jouvency,
Latin & François du P. Tarteron,
de Sanadon, 3 *vol. ou* 8 *vol.*
de le Batteux, Latin & François, 2 *vol.*
de Desfontaines, Latin & François, 1 *vol.*
Huetii & Fraguierii Carmina, 1 vol.
Jardin Potager & Fruitier, par *Saussay*, 1 *vol.*
Jardinier Solitaire, 1 *vol.*
François, 1 *vol.*
Fleuriste, 1 *vol.*
Idée du Gouvernement d'Egypthe, 1 *vol.*
d'un Roi Parfait, par *Mr. de Chansiergue*, 1 *vol.*
de la Poësie Angloise, par *l'Abbé Yart.*
Idilles de Bion & Moschus, 1 *vol.*
Jeu de l'Hombre, 1 *vol.*
Jeune Alcidiane, par *Mde. de Gomès*, 3 *vol.*

Jeannette Seconde, ou la nouvelle Paysanne parvenuë, 1 *vol.*
Jeux d'Esprit & de Mémoire, 1 *vol.*
Jerusalem délivrée, 1 *&* 2 *vol.*
Illustrium Poëtarum Flores, 1 vol.
Imposteurs Insignes, 1 *vol.*
Indiculus universalis, 1 vol.
Interêts & maximes des Princes, 1 *vol.*
Instructions Morales d'un Pere à son Fils qui part pour un grand Voyage, 1 *vol.*
Instructions sur les Lunettes, par *Thomin*, 1 *vol.*
sur la maniere d'étudier, par *Gobinet*, 1 *v.*
d'un Pere à son Fils, par *Dupuy*, 1 *vol.*
d'un Pere à sa Fille, par *Dupuy*, 1 *vol.*
des Négocians sur les Lettres de Change & le Commerce, 1 *vol.*
Journal du Cardinal de Richelieu, 2 *vol.*
des Sçavans, 5678, Hollande.
Introduction à la Philosophie, par *Sgravesande*, 1 *vol.*
Interêts de la France mal entendus dans l'Agriculture, le Commerce, la Population, la Navigation, &c. 3 *vol.*
Introduction à l'Histoire de l'Europe, par *Puffendorff*, 4 *vol.*
10 *vol.* Hollande.
Invasion d'Espagne, par *les Maures*, 2 *vol.*
Institutiones Brevissimæ Juris Civilis, 1 vol.
Justiniani, 1 vol.
privatæ, *Economicæ & Politicæ*, par Demelles, 1 *vol.*
Juvencii ratio Discendi & Docendi, 1 vol.
Juvenal & Perse, avec les notes de Farnabe, 1 *v.*
Idem, tout Latin. 1 *vol.*
Idem, Impression de Coustelier & Barbou, Latin, 1 *vol.*
Justi Lipsii monita & exempla, 1 vol.
Justin, Latin, 1 *vol.*
François, 1 *vol.*
Latin & François, 2 *vol.*

La Bagatelle, par *Vaneffen*, 2 *vol.*
La Fuga, canto Duodecimo, 1 vol.
La Ligue, par *Voltaire*, 1 *vol.*
Lettres sur les Anglois & les François, par *Murrat*, 1 *vol.*
de Mr. de la Chambre, 1 vol.
choisies de Guy Patin, 1 *vol.*
de Ciceron à Atticus, en Lat. & en Franç. 2 *ou* 3 *vol.*
par *l'Abbé Montgault*, 6 *vol.*
d'un Philosophe à un Cartesien de ses amis, 1 *vol.*
de Boursault,
Infernales, 1 *vol.*
au Prince Royal de Suede, par *Mr. de Tessin*, 1 *vol.*
Familieres de Ciceron, Lat. & Franç. 2. *v.*
par *l'Abbé Prévôt*, 5 *vol.*
du Comte de la Riviere, 2. *vol.*
à Mde. de ... contenant 2 Histoires Franç. 1 *vol.*
de Mr. de ... sur la traduction de Petrone, 1 *vol.*
du Cardinal Bentivoglio, en Latin & en François, 2 *vol.*
d'un Mathématicien sur la divisibilité de la matiere, 1 *vol.*
& Vie de Mr. Racine le Pere, 2 *vol.*
à une Dame de Province sur les Dialogues d'Eudoxe & de Philante, 1 *vol.*
de Pline, en Latin, 1 *vol.*
Françoise, par *Mr de Sacy*, 3 *vol.*
de Mr. Descartes, 6 *vol.*
sur la Baguette Divinatoire, 1 *vol.*
du Chevalier de Meré, 2 *vol.*
de Mde. de Sevigné, 2 *vol.*
8 *vol.*
de Miss-Clarice Harlowe, 12. *vol.*
Leçons de Thalie, 2. *vol.*
Les 2 Cousines, ou le Mariage du Chevalier de ...

Lexicon Latino Græcum, 1 vol.
Le Monarque, ou les Devoirs du Souverain, par *le P. Senault*, 1 *vol.*
Logique, ou l'Art de Penser, 1 *vol.*
 par *Mrs. de Port Royal*, 1 *vol.*
 par *Barbey*, 1 *vol.*
 Par *le P. Regnault*, 1 *vol.*
 par *Crousaz*, 6 *vol.*
 par *Cochet*, 1 *vol.*
Les Hommes, par *Mr. de Varennes*, 2 *vol.*
Lucréce Lat. Edition de Barbou & Coustelier, 1 *v.*
Lusus Allégoricus, par *Sautel*, 1 *vol.*
Maximes pour vivre heureusement dans le Monde, 1 *vol.*
 & pensées diverses, 1 *vol.*
Malades en belle humeur, 1 *vol.*
Mausolée de la Toison d'Or, 1 *vol.*
Manuel Philosophique, 2 *vol.*
 d'Epictete, par *Mdë. Dacier*, 2 *vol.*
Maniere de bien Penser dans les Œuvres d'Esprit, par *le P. Bouhours*, 1 *vol.*
 de Négocier avec les Souverains, par *Callieres*, 2 *vol.*
Martialis Epigrammata, 1 vol.
Méchanique des Langues, Lat. & Franç. par *Mr. Pluche*, 2 *vol.*
Mémoire sur la Minorité de Loüis XIV. par *Mde. de Motteville*; 6 *vol.*
 par *Mr. de la Roche-Foucault*, 2 *vol.*
 de Melvill, 3 *vol.*
 d'un Homme de qualité qui s'est retiré du Monde, par *l'Abbé Prévôt*,
 de l'Amiral Coligny, 1 *vol.*
 de l'Abbé de Marolles, 3 *vol.*
 de Georges I. Roi d'Angleterre, 5 *vol.*
 du Duc de Villars, 2 & 3 *vol.*
 de Bussy Rabutin, 3 *vol.*
 de Mr. de Lainès sur les Guerres Civiles, 1 *vol.*
 de Mr. de Navailles, 1 *vol.*

de Mr. de la Fare sur les Evénemens du Siécle de Loüis XIV. 1 *vol.*

de l'Abbé de Montgon, 6 *vol.*

d'Etat, par *Villeroy*, 1 *vol.*

de la Maison d'Autriche, 2 *vol.*

de la Colonie, 2 *vol.*

pour servir à l'Histoire de Malthe, par *l'Abbé Prévôt*, 2 *vol.*

particuliers pour servir à l'Histoire de France, 3 *vol.*

de Mr. le Duc de Rohan, 2 *vol.*

de Milord Kington, 1 *vol.*

du Cardin.l Bentivoglio, en Italien, 1 *v.*

en François & Italien, 2 *vol.*

de Beauveau, 1 *vol.*

pour les Négociations de Paix, 1 *vol.*

Historique sur la Loüisiane, 2 *vol.*

du Cardinal de Retz,

de Joly, pour servir de suite.

de la Chine, par *le P. le Comte*, 2 *vol.*

de Forbin, 2 *vol.*

Historiques, Politiques & Litteraires, d'Amelot de la Houssaye, 3 *vol.*

de Montchall, 2 *vol.*

de Maffei, 2 *vol.*

de Hambourg & de Dannemarck, par *Dumorier Aubery*, 1 *vol.*

de Duguay-Troüin, 1 *vol.*

Litteraires, par *Eidous*, 1 *vol.*

pour servir à l'Histoire des Hommes Illustres, par *le P. Niceron*,

de Varach, 1 *vol.*

de Langallery, 1 *vol.*

Historiques & Critiques sur l'Histoire de France, par *Mezeray*, 1 *vol.*

de Nemours, 1 *vol.*

du Maréchal de Boucicault, 1 *vol.*

de Gourville, 2 *vol.*

de Tarannes, 1 *vol.*

de Vordac, 2 *vol.*

de du Bellay Langey, 7 *vol.*
& Lettres de Mde. de Maintenon, par *la Baumelle*, 12 *vol.*
de Mr. de Feuquieres, 4 *vol.*
de Mr. de Pontis, 2 *vol.*
touchant les Ambassadeurs, par *Wicquefort*, 2 *vol.*
de Litterature, par *le P. Desmolets*, 11 *v.*
Mémorial de Paris, 2 *vol.*
Méthode pour tracer des Cadrans, par *Ozanam* 1 *v.*
du Blason du P. Menestrier, 1 *vol.*
pour étudier l'Histoire, 2 *vol.*
pour lever des Plans de Terre & de Mer, 1 *vol.*
pour apprendre la Chronologie & l'Histoire Sacrée & Profane, 1 *vol.*
Mélanges Litteraires sur quelques Ouvrages nouveaux, 1 *vol.*
Historiques & Philosophiques, par *Michault*, 2 *vol.*
de Litterature & d'Histoire, par *Mr. Dalembert*, 2 *vol.*
Médiateur, avec les Régles les plus nouvelles, 1 *v.*
Méthamorphoses d'Ovide en Latin, 1 *vol.*
par *l'Ab. de Bellegarde*, en Franç. 2 *vol.* Fig.
par *l'Abbé Bannier*, en Franç. 3 *vol.* Fig.
par *Duryer*, 4 *vol.* Fig.
Mexique conquis, 2 *vol.*
Ménagiana, 4 *vol.*
Méchanique du Feu, par *Gauger*, 1 *vol.*
Militaire en Solitude, 1 *vol.*
Misantrope, par *Vaneffen*, 2 *vol.*
Mital, ou Avantures incroyables, 1 *vol.*
Mythologie de l'Abbé Bannier, 8 *vol.*
Miltoni pro Populo Anglicano defensio, 1 vol.
Mores leges & ritus omnium gentium, 1 vol.
Morale, par *Mr. Cochet*, 1 *vol.*
Méthaphysique, par *Mr. Cochet*, 1 *vol.*
Mœurs & Usages des Romains, 2 *vol.*
Moireau Congregationis Oratorii Poëmata, 1 vol.

Monarque, par *Senault*, 1 *vol.*
Moines Travestis, 2 *vol.*
Monde de Mercure, 2 *vol.*
Mundus alter & idem, par Campanella, 1 *vol.*
Muse Mousquetaire, par *Mr. de St. Gilles*, 1 *v.*
Naissance du Dauphin, 1 *vol.*
Nombre des Hommes, par *Mr. de Jaucourt*, 1 *v.*
Nouveau Telemaque, 2 *vol.*
Observations sur les Romains, par *l'Abbé Mably*, 2 *vol.*
sur les Arts, 1 *vol.*
Physiques contenant l'Abrégé des Mémoires de l'Academie des Sciences, par *le P. Bougeant*, 3 *vol.*
Obros de Goudelin, 1 *vol.*
Œuvres de Rousseau corrigé, 1 & 2 *vol.*
par *Mr. l'Abbé Seguy*, 4 *vol.*
de Crebillon, 1, 2 & 3 *vol.*
de Voiture, 1 & 2 *vol.*
de Ducerceau, Latin, 1 *vol.*
2 *vol.*
du P. Brumoy, 4 *vol.*
de Rabelais, 2 *vol.*
de la Chaussée, 2 *vol.*
de Nericault Destouches, 5 *vol.*
de Poisson, 2 *vol.*
de Pelisson, 3 *vol.*
de Mathématique, par *Blaise*, 1 *vol.*
Posthumes de Mr. de S. R.
de Cyrano de Bergerac, 2 & 3 *vol.*
de Danchet, 4 *vol.*
de Dufresny, 4 *vol.*
de Scarron, 12 *vol.*
de Gresset, 1 & 2 *vol.*
mêlées du Chevalier de St. Jorry, 2 *v.*
de Tourreil, 4 *vol.*
de Mr. le Franc, 4 *vol.*
de Boileau, 1, 2, 3 & 4 *vol.*
de Regnard, 2, 3 & 4 *vol.*
d'Hamilton, 6 *vol.*

de Chaulieu & la Farre, 1. 2, 4 *vol.*
de Pope, 1 *vol.*
de P. Corneille, 7 *vol.*
de Thomas Corneille, 5 *vol.*
diverſes du P. Corneille, 1 *vol.*
de P. & Thomas Corneille, ou Chefs-d'Œuvres des deux Corneilles, 2 *vol.*
de Campiſtron, 1, 2 *&* 3 *vol.*
de la Grange-Chancel, 3 *vol.*
de Montreüil, 1 *vol.*
de Montcriff, 3 *vol.*
de Pavillon, 2 *vol.*
de la Foſſe, 1 *vol.*
diverſes du Sieur B. 2 *vol.*
de Regnier Deſmarais, 2 *vol.*
du P. Porée, contenant ſes Trag. & ſes Fables Dramatiques, 1 *vol.*
Poſthumes de la Fontaine, 4 *vol.*
de l'Abbé Nadal, 3 *vol.*
de Pradon, 2 *vol.*
de Brueys, 5 *vol.*
de Bourſault, 5 *vol.*
de Mde. Lambert, 1 *vol.*
Phyſiques & Philoſophiques, par *Mr. de Pierquin*, 1 *vol.*
de Becaſſe, 2 *vol.*
de Boindin, 2 *vol.*
de la Motte, 11 *vol.*
de l'Abbé de Voiſenon, 1 *vol.*
de Julien Scopon, trad. de l'Anglois, 1 *v.*
de Ronſard, 5 *vol.*
de Balzac, 1 *vol.*
de Remond de St. Mard, 5 *vol.*
mêlées de Flechier, 1 *vol.*

Œconomie Rurale, par *Mr. Berland*, 2 *vol.*
Œconomie de la vie humaine, 1 *vol.*
Officier de Bouche, 1 *vol.*
Offices de Ciceron, Lat. & Franç. par *du Bois*, 1 *v.*
Oraiſons du P. la Sante, 2 *vol.*
du P. Baudory, 1 *vol.*

du P. Porée, 3 *vol.*
choisies de Ciceron, 2 *vol.*
de Ciceron, Latines & Françoises, par *Villefore*, 8 *vol.*
du P. Jouvency, 2 *vol.*
Optique des Couleurs, 1 *vol.*
Oracles des Sybilles, 1 *vol.*
Orateur de Ciceron, par *Colin*, 1 *vol.*
Ornemens de la Mémoire, 1 *vol.*
Origine de l'Idolâtrie, 1 *vol.*
Ovidii Methamorphoseon, 1 vol.
Orléans délivré, Poëme, 1 *vol.*
Palais des Curieux, 1 *vol.*
Panégyrique de Trajan, par *Sacy*, 1 *vol.*
par *l'Abbé Esprit*, 1 *vol.*
Parallele des Romains & des François, 2 *vol.*
du Cœur & de l'Esprit, par *Pecquet*, 1 *v.*
Paris, ou la Mentor Moderner, 3 *vol.*
Ancien & Moderne, 3 *vol.*
Paradis perdu de Milton, 3 *vol.*
par *Mr. Racine, Fils*, 3 *vol.*
Parfumeur François, 1 *vol.*
Parodies du Théâtre Italien, 3 *vol.*
Pastor Fido, 1 vol.
Parerga Stephani Bachot, 1 vol.
Parterre de la Rhétorique Franç. 1 *vol.*
Payrie de France & Histoire du Parlement de Paris, par *Boulainvilliers*, 1 *vol.*
Paysan parvenu, 1 *vol.*
Paysanne parvenuë, 1 *vol.*
Pensées ingénieuses des Anciens, par *l'Abbé Berthelin*, 1 *vol.*
des Anciens & des Modernes, par *le P. Bouhours*, 1 *vol.*
de Ciceron, Lat. & Franç. par *l'Abbé d'Olivet*, 1 *vol.*
de Seneque, traduite en Franç. par *la Baumelle*, 2 *vol.*
& Reflexîons ingénieuses, 1 *vol.*
diverses & Proverbes choisis, 1 *vol.*

Phædri

Phædri Fabulæ, en Latin, Edition de Barbou, & Coustelier, 1 *vol.*
Philosophie de Descartes, 1 *vol.*
de Neuton, 1 *vol.*
de Goudin, 4 *vol.*
Occulte, ou la Baguette divinatoire, 1 *v.*
de Pourchot, 4 & 5 *vol.*
de Duhan, intitulé *Philosophus in utramque partem*, 1 vol.
Physique de Chambon, 2 *vol.*
de Deslandes, 2 *vol.*
du P. Castel, 2 *vol.*
de Perrault, 2 *vol.*
du P. Regnault, 5 *vol.*
le tome 5 qui se vend séparément pour ceux qui ont les 4 premiers *vol.*
de Rohault, 2 *vol.*
Pindari Opera, de Glaskou, Lat. & Grec, 1 *v.*
Poësie Franç. les Elemens, par *le P. Mourgues*, 1 *v.*
Poëtes François, 4 *vol.*
Poësies Françoises de la Monnoye, 1 *vol.*
de Cocquard, 2 *vol.*
nouvelles, 1 *vol.*
de la Suze & Pellisson, 2 & 5 *vol.*
Poisson, Comédien, dans les Champs Elisées, 1 *v.*
Politique des personnes de qualité, 1 *vol.*
Portrait de la Mouche à Miel, 1 *vol.*
Praxis Barbetiana, 1 vol.
Préjugés du Public, 2 *vol.*
Preceptes galans, par *Ferrier*, 1 *vol.*
Playade Françoise, ou l'Esprit des 7 plus grands Poëtes François, 2 *vol.*
Principes pour la Langue Françoise, par *l'Abbé Girard*, 1 *vol.*
pour la Lecture des Poëtes, 2 *vol.*
de l'Histoire, par *Juvenel*, 1 *vol.*
Principi e signalati guerrieri del mondo, 1 vol.
Prince de Condé, 1 *vol.*
Prima scaligerana, 1 vol.
Princesse de Cleves, 1 *vol.*

Procès de Mr. Foucquet, avec toutes les Piéces du Procès, 16 *vol.*

Prosodie Françoise, par *l'Abbé d'Olivet*, 1 *vol.*

Puissance Ottomanne, 1 *vol.*

Quatrains de Pibrac, ou la belle Vieillesse, 1 *v.*

Quintecurce, Latin, Edition de Barbou & Coustelier, 1 *vol.*

Latin & François, 2 *vol.*

François, 1 *vol.*

Quintilien de l'Abbé Gedoüin, 4 *vol.*

Raisonnemens hasardés sur la Poësie Franç. 1 *v.*

Rapini Carmina, 1 vol.

Rapinus de Hortis, 1 vol.

Recherches sur la Langue Latine, 2 *vol.*

Recréations Mathématiques, par *Henrion & Midorge*, 1 *vol.*

Recueil des Prix de l'Academie, 2 *vol.*

de la Mecque, avec la Rélation & les Usages du Païs, 1 *vol.*

de Divers Ouvrages sur la Peinture & le Coloris, par *Depiles*, 1 *vol.*

de plusieurs Piéces d'Eloquence & de Poësie, 1 *vol.*

de Divers Ouvrages en Prose & en Vers, par *Perrault*, 1 *vol.*

Historique, 1 *vol.*

d'Egnygmes & de Logogryphes, 1 *vol.*

Réflexions sur les Passions, 1 *vol.*

sur les Défauts d'autrui, par *Villiers*, 1 *&* 2 *vol.*

de T. sur les Egaremens de sa Jeunesse, 1 *v.*

sur la Peinture & la Poësie, par *l'Abbé Dubos*, 3 *vol.*

sur l'Elégance & la Politesse du Style, par *l'Abbé de Bellegarde*, 1 *vol.*

de l'Empereur Marc Aurele Antonin, surnommé le Philosophe, 1 *vol.*

sur l'Amitié, par *Mr. Dupuy*, 1 *vol.*

Régles de la Poësie Franç. par *Châlons*, 3 *vol.*

Réglemens pour l'Infanterie Prussienne, 2 *vol.*

Relation de Siam, 1 *vol.*

Historique du bombardement de Gênes, 1 *vol.*

de Maroc, 1 *vol.*

de la Nigritie, 1 *vol.*

Rhetor familiaris, seu Ars Rhetoricæ, 1 vol.

Rhétorique Françoise à l'usage des jeunes Demoiselles, 1 *vol.*

Rhetorica nova, seu Tyrocinium Eloquentiæ, 1 vol.

Remarques sur la Grammaire, par *Mr. de Fenelon*, 1 *vol.*

& Decisions de l'Academie Françoise, par *l'Abbé Tallemant*, 1 *vol.*

sur la Langue Françoise, par *le Pere Bouhours*, 2 *vol.*

par *Vaugelas*, 1 & 3 *vol.*

sur Homere & sur Virgile, 1 *vol.*

sur les Tragédies de Racine, 3 *vol.*

Revolutions de Hongrie, 6 *vol.*

Roman Espagnol, ou la Diane de Montemajor, 1 *vol.*

Comique de Scarron, en Vers Franç. 2 *v.*

en François, 3 *vol.*

Romulo del Marqueze Virgilio Malvezzi, 1 vol.

Ronsard Bocage Royal, 1 *vol.*

Ruæi Carmina, 1 vol.

Rudiment Latin, 1 *vol.*

Ruses de Guerre de Polyen & Frontin, 2 *vol.*

Salluste Latin, 1 *vol.*

Latin & François, 1 *vol.*

François, traduit par *un P. de l'Oratoire*, avec des notes, 1 *vol.*

Sagesse de Charron, 1 *vol.*

Sanadonis Carmina, 1 vol.

Sannazari Carmina, 1 vol.

Santolii Opera, 3 vol.

Satyres du Prince Cantemir, 1 *vol.*

Saxe Galante, 1 *vol.*

Scalptura, *Carmen*, ou Poëme sur la Sculpture, 1 *vol.*

Science naturelle, par *Romain*, 1 *vol.*
du Monde, par *Cardan*, 1 *vol.*
de la Cour, par *Chevigny*, 8 *vol.*
des Princes, ou Considérations sur les Coups d'Etat, par *Naudé*, 3 *vol.*
Scission de Pologne, 1 *vol.*
Selecta Phædri Fabulæ, 1 vol.
è profanis scriptoribus Historia, 1 vol.
Selecta Carmina, 1 vol.
Sécrétaire de la Cour, 1 & 2 *vol.*
des Demoiselles, 1 *vol.*
Turc, par *Duvigneau*, 1 *vol.*
Sécrets de la Philosophie des Anciens, 1 *vol.*
des Arts & Métiers, 2 *vol.*
Sentimens d'Erasme, 1 *vol.*
de Cléanthe, sur les Ouvrages du Pere Bouhours, par *Barbier d'Aucourt*, 1 *v.*
Singularités Historiques, 4 *vol.*
Spectateur Anglois, 7 *vol.*
Idem, reduit en 3, *vol.*
Songe de Scipion, Latin & François, 1 *vol.*
Sorberiana, 1 vol.
Sophoclis Tragediæ, Latin & Grec, Impression de Glastkou, 2 *vol.*
Siécle de Loüis XIV. par *Voltaire*, 2 & 4 *vol.*
Stratagêmes de Guerre, 1 *vol.*
Suetone, Lat. & Franç. contenant l'Histoire des 12 Cesars, 1 *vol.*
Supplément au Théâtre Italien, 4 *vol.*
Synonimes François, par *l'Abbé Girard*, 1 *vol.*
Synonimorum Libellus, 1 vol.
Systême sur un nouveau Gouvernement de France, par *la Jonchere*, 2 *vol.*
de l'Ame, par *Mr. de la Chambre*, 1 *vol.*
du Monde & de la Sphere, par *Robert de Vaugondy*, 1 *vol.*
Sydronii & Hoschii Opera, 2 *vol.*
Tableau de l'Empire Germanique, 1 *vol.*
de l'Empire Ottoman, par *l'Abbé de la Porte*, 1 *vol.*

du Gouvernement actuel de l'Empire d'Allemagne, 1 *vol.*

Tablettes Chronologiques de Marcel, 1 *vol.*

de l'Homme du Monde, 1 *vol.*

Tacite, Lat. & Fran par *Amelot de la Houssaye*, 4 *v.*

par *d'Ablancourt*, 3 *ou* 4 *vol.*

Testament Politique de Colbert, 1 *vol.*

de Louvois, 1 *vol.*

du Cardinal de Richelieu, 1 *vol.*

du Cardinal Alberoni, 1 *vol.*

du Prince Rakoski, 1 *vol.*

Telliamed, par *Mr. Maillet*, *Consul des Echelles du Levant*, 2 *vol.*

Terence, Latin, 1 *vol.* Edition de Barbou & Coustelier.

Latin & François, 2 *ou* 3 *vol.*

Temple de Gnide, 1 *vol.*

Théâtre Espagnol, de Feijo, 2 *vol.*

de Quinault, 5 *vol.*

Italien, 1 & 10 *vol.*

Anglois, par *Mr. de la Place*, 8 *vol.*

des Grecs, par *le P. Brumoy*, 6 *vol.*

François, 3 *vol.*

de Mlle. Barbier, 1 *vol.*

de le Grand, 4 *vol.*

Thrésor de la Belle Latinité, 1 *vol.*

Théologie Payenne, par *Burigny*, 2 *vol.*

Thesaurus Phrasium Poëticarum, 1 vol.

Théorie des Tourbillons, 1 *vol.*

Titelive, Lat. avec des notes, par *Mr. Crevier*, 6 *vol.*

reduit en Maximes, 1 *vol.*

Toisage des Bois & des Bâtimens, 1 *vol.*

Traité Politique du Gouvernement de France, 1 *v.*

du vrai mérite, 1 & 2 *vol.*

du Grand Négoce de France, par *Blainville*, 2 *vol.*

des Serins de Canarie, 1 *vol.*

du Jaugeage, 1 *vol.*

des Arbres à Ouvrer, par *Roux*, 1 *vol.*

Philosophique de la foiblesse de l'esprit humain, par *Mr. Huet*, 1 vol.
de la maniere d'écrire, par *Grimarest*, 1 v.
des Etudes, par *Rollin*, 4 vol.
par *Gobinet*, 1 vol.
des Brebis & de la maniere d'élever les Bêtes à Laine, 1 vol.
de la Satyre, 1 vol.
de la Culture des Renoncules, Auricules & Œillets, 1 vol.
de la Maniere de lire les Auteurs, 3 v.
de l'Apparition des Esprits, par *Calmet*, 2 vol.
du Commerce, 1 vol.
de la Paix de Westphalie, par *le Pere Bougeant*, 6 vol.
de la Paix de Nimegue, 2 vol.
de la Paix des Pyrhenées, 2 vol.
du Nivellement, par *Picard*, 1 vol.
des Droits de la Reine sur l'Espagne, 1 v.
de la Cour, 1 vol.
de l'Art Métallique, par *Alphonse Barba*, 1 vol.
du Beau, par *Crousaz*, 1 vol.
de la Gloire, par *Sacy*, 1 vol.
du Point d'Honneur, 1 vol.
Tragédies Opéra de Métastase, 5 vol.
Triomphe Hermétique, ou la Pierre Philosophale, 1 vol.
Typhon, ou la Giganto-Machie, par *Scarron*, 1 v.
Tyrocinium Linguæ Græcæ, par Labbe, 1 vol.
Vanierii prædium Rusticum, 1 vol.
Varia ex multis Argumentis Carmina, 1 vol.
Variétés Ingénieuses, 1 vol.
Historiques, Physiques & Littéraires, 4 v.
Venus Physique, par *Mr. de Maupertuys*, 1 vol.
Vellejus Paterculus, Latin, 1 vol.
Latin & François, 1 vol.
Vérification d'Ecritures, par *Blegny*, 1 vol.
Vie de Lazarille de Tormes, 1 vol.

d'Elizabeth, Reine d'Angleterre, par *Gregorio Leti*, 2 *vol.*
de Frapaolo Sarpi, 1 *vol.*
de Malbouroug, 2 *vol.*
d'Agathocle, Tyran de Syracuse, 1 *vol.*
d'Anne Stuart, Reine d'Angleterre, 2 *v.*
des Hommes Illustres de France, par *l'Abbé Perrault*, 11 *vol.*
d'Abeillard & d'Heloïse, 2 *vol.*
de Julien l'Apostat, par *l'Abbé de la Bletterie*, 1 *vol.*
de Charles V. Duc de Lorraine, 1 *vol.*
de Mahomet, par *Gagnier*, 3 *vol.*
du Prince Eugene, par *Massuet*, 1 *vol.*
de Grotius, par *Mr. de Burigny*, 2 *vol.*
d'Erasme, par *Mr. de Burigny*, 2 *vol.*
de Marianne, 2 *vol.*
des Premiers Peintres du Roi, 1 *vol.*
de Philippe II. par *Gregorio Leti*, 6 *vol.*
de Turenne, par *Dubuisson*, 1 *vol.*
de Pierre Aretin, 1 *vol.*
des Poëtes Grecs, par *Mr. le Febvre*, 1 *v.*
& bons mots de Santeüil, 1 *vol.*
de Cromwel, 2 *vol.*
du Véritable Pere Joseph, 2 *vol.*
des Hommes Illustres, par *Mde. Dacier*, 1 *vol.*
de Pedrille del Campo, 1 *vol.*
des Orateurs Grecs, 2 *vol.*
du Maréchal Fabert, 2 *vol.*
de Mde. Maintenon, 1 *vol.*

Victoires Mémorables des François, 2 *vol.*

Virgile du P. Coüestard, 1 *vol.*
du P. la Ruë, 3 *vol.*
Latin, 1 *vol.*
Lat. & Franç. par *l'Abbé Desfontaines*, 4 *v.*
Lat. & Franç du P. Catrou, 4 *vol.*
Lat. Impression de Coustelier & Barbou, 3 *vol.*
Lat. avec des notes du P. *Jouvency*, 1 *v.*

Lat. & Franç. par *Mrs de l'Université*, 4 *v.*
Latin & François par *Mr. l'Abbé de la Landelle*, 4 *vol.*

Voyages de la Baye d'Hudſon, 2 *vol.*
de Gemelly Carrery, autour du Monde, 6 *vol.*
de Piétro Della Vallé, ou l'Illuſtre Voyageur, 8 *vol.*
d'Anſon, autour du Monde, 4 *vol.*
à l'Amérique, par *le P. Labat*, 8 *vol.*
de Paul Lucas, en Turquie, Tartarie, Moſcovie, &c. 3 *vol.*
de France, par *Duverdier*, 1 *vol.*
de Cyrus, en François, par *Mr. de Ramſay*, 1 *&* 2 *vol.*
en Anglois & en François, par *Mr. de Ramſay*, 2 *vol.*
de Marchaix en Guinée & à Cayenne, par *le P. Labat*, 4 *vol.*
du Perou, par *l'Abbé Courte de la Blanchardiere*, 1 *vol.*
de Glantzby, 1 *vol.*
de France, 2 *vol.*
de Jacques Maſſé, 1 *vol.*
de Falaiſe, 1 *vol.*
de Maroc & d'Alger, 1 *vol.*
de la Terre Sainte, 1 *vol.*
de Bachaumont & de la Chapelle, 1 *vol.*
de Zulma dans le Royaume des Fées, 1 *v.*
de Sadeur dans les Terres Auſtrales, 1 *v.*
de Jean Struys, en Tartarie, Moſcovie & Perſe, 3 *vol.*
Pittoreſque de Paris, 1 *vol.*
Pitoreſque des Environs de Paris, 1 *vol.*
d'Italie, par *Miſſon*, 4 *vol.*
d'Italie, 2 *vol.*
de Madagaſcar, 1 *vol.*
du Prince de Condé, 1 *vol.*
de Montberaud, 1 *vol.*
de Siam, par *l'Abbé Choiſy*, 1 *vol.*

d'Espagne à Bender, 1 *vol.*
Usage des Passions, par *Senault*, 1 *vol.*
du Compas de proportion, par *Ozanam*, 1 *vol.*
du Pantometre, par *Bullet*, 1 *vol.*
des Postes chez les Anciens & les Modernes, 1 *vol.*
des Globes, par *Robert*, 1 *vol.*
wallii Poëmata, 1 vol.

LIVRES de Droit Civil, Coûtumier, Arrêts, &c. In-12-In-18-In-24.

ARrêts Notable au sujet des Adulteres, 1 *vol.*
Baconius de Justitiâ universali, 1 vol.
Bibliothéque Historique du Droit, par *Simon*, 2 *v.*
Code des Curés, 3 *vol.*
des Tailles, 2 *vol.*
Noir, ou Code des Négres, 1 *vol.*
Codicille d'Or, 1 *vol.*
Collections de décisions de Jurisprudence, par *Denisart*, 8 *vol.*
Colombet Paratitla, 1 vol.
Commentaire sur les Aydes, par *Dubois*, 1 *vol.*
Compilation du Droit Romain & du Droit Canonique, 1 *vol.*
Concordat avec la Pragmatique Sanction, 1 *vol.*
Coûtume de Haynault, 1 *vol.*
de Bretagne, Gothique, 1 *vol.*
la très-ancienne de Bretagne, 1 *vol.*
par *Mr. Perchambault*, 1 *vol.*
par *Mr. Hevin*, 1 *vol.*
par *Mr. Sauvageau*, 1 *vol.*
de Normandie, 1 *vol.*
d'Orléans, 1 *vol.*
Dictionnaire des Fiefs, par *la Place*, 1 *vol.*

Dissertation sur l'Usure, en Latin, 1 *vol.*

De Jure Patronatûs, 1 vol.

Factum pour & contre Furetiere, 1 *vol.*

Institutiones Justiniani, 1 vol.

Juris Civilis, par Vinnius, 1 *vol.*

par *Prouho*, 1 *vtl.*.

par *Corbin*, 1 *vol.*

par *Pereze*, 1 *vol.*

par *Ferriere*, 1 *vol.*

Institutes Coûtumiers, par *Loysel*, 2 *vol.*

Féodales, ou Manuel des Fiefs, par *Guyot*, 1 *vol.*

Institution au Droit François par *Dargou*., 2 *vol.*

Instituts de Justinien, Lat. & Franç. par *Ferriere*, 2 *vol.*

Idem, 7 *vol.*

Instruction sur la Procédure, 1 *vol.*

Introduction à la Pratique, 1 2 & 3 *vol.*

aux Droits Seigneuriaux, par *la Place*, 1 *v.*

Maximes sur les Droits Seigneuriaux, par *Cabanel*, 1 *vol.*

du Droit Canonique, par *Dubois*, 1 *vol.*

Mémorial des Eaux & Forêts, 1 *vol.*

Moyens Canoniques, par *Duperray*, 4 *vol.*

Notæ Molinæi, 1 vol.

Notes sur la Regale, par *Pinsson*, 2 *vol.*

Offices de Judicature, par *Borjon*, 1 *vol.*

Ordonnances des Arsenaux, 1 *vol.*

de Loüis XIV. de 1667, par *Mr. Jousse Conseiller au Présidial d'Oléans*, 1 *v.*

de 1670, par *le même*, 1 *vol.*

de 1669 & 1673, par *le même*, 1 *vol.*

des Présidiaux, par *le même*, 1 *vol.*

ou Edit de 1695, concernant la Jurisdiction Ecclésiastique, par *le même*, 1 *vol.*

de Loüis XIV. le Texte, 1 & 2 *vol.*

de Loüis XV. 1 *vol.*

de Loüis XIV. de 1669, concetnant les Gens de Guerre, 1 *vol.*

Origine du Droit des Magistrats, 1 *vol.*

Plaidoyers d'Ayrault, 1 *vol.*

pour Jacques de Baudry, Cordelier, 1 *v.*

Praticien François de Couchot, 5 *&* 6 *vol.*

Prérogative de la Robbe. 1 *vol.*

Principes de Jurisprudence sur les Rapports & les Visites, par *Mr. Prévôt*, 1 *vol.*

de la Jurisprudence Françoise, 2 *vol.*

sur les Dixmes, par *Joüy*, 1 *vol.*

Procès de Mr. Foucquet, avec toutes les Piéces, 16 *vol.*

de Robert Damiens, 5 *vol.*

de Gesvres, 2 *vol.*

Questions de Droit, par *Bretonnier*, 1 *&* 2 *vol.*

Recherches sur le Droit François, 1 *vol.*

Recueil des Principales Questions de Droit, 1 *v.*

d'Edits & Déclarations sur les Mariages, 1 *vol.*

de Matieres Bénéficiales, par *Drapier*, 1 *v.*

Régles du Droit François, par *Pocquet*, 1 *vol.*

pour former un Avocat, 1 *vol.*

Stile des Huissiers, 1 *vol.*

Civil & Criminel, de Gauret, 2 *vol.*

Criminel d'Imbault, 2 *vol.*

Tractatus de jure universitatum, 1 vol.

Traité de l'Indult, par *Renaudin*, 1 *vol.* 2 *vol.*

de l'Autorité, des Rois, par *Talon*, 1 *v.*

de l'Autorité des Rois touchant les Vœux des Religieux & des Religieuses, 1 *v.*

des Dispenses de Mariage, par *Duperray*, 1 *vol.*

des Droits Honorifiques, par *Maréchal & Danty*, 1 *vol.*

par *Duperray*, 1 *vol.*

de l'Usure, par *Mr. de Perchambault*, 1 *v.*

des Portions Congrues, par *Duperray*, 2 *v.*

des Aydes, par *Asse*, 1 *vol.*

de la Capacité des Ecclésiastiques, par *Duperray*, 2 *vol.*

de l'Usage & de la Pratique de Rome pour les Expéditions en Cour de Rome, 1 & 2 *vol.*

des Majorités Coûtumieres, 1 *vol.*

du Droit de Patronage, par *Simon*, 1 *vol.*

des Dixmes, par *Duperray*, 1 *vol.*

des Provisions de Bénéfices, par *Piales*, 2 *v.*

de l'Expectative des Gradués, par *Piales*, 4 *vol.*

de la Dissolution du Mariage, 1 *vol.*

du Ban & arriere Ban, par *la Rocque*, 1 *v.*

FIN.

www.ingramcontent.com/pod-product-compliance
Ingram Content Group UK Ltd.
Pitfield, Milton Keynes, MK11 3LW, UK
UKHW021209230726
13926UKWH00001B/415